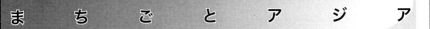

まちごとアジア

Iran 002 Tehran
テヘラン
イラン2500年の「首都」
تهران

Asia City Guide Production

【白地図】イラン

ASIA
イラン

イラン

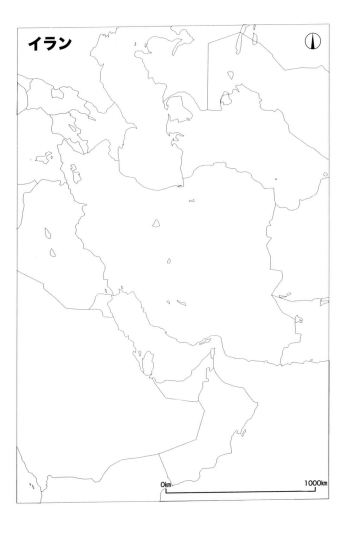

Tehran

白地図

【白地図】イラン中心部

ASIA
イラン

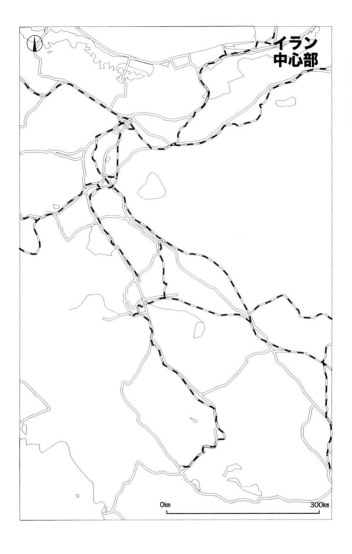

【白地図】テヘラン

ASIA
イラン

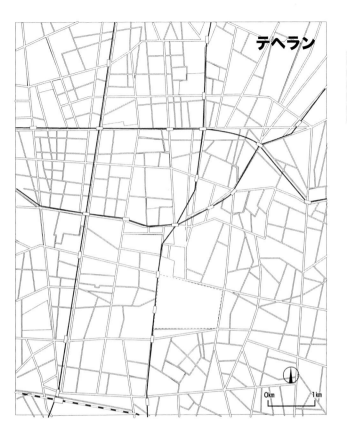

テヘラン Tehran 白地図

【白地図】バザール

ASIA
イラン

【白地図】1857年のテヘラン

ASIA
イラン

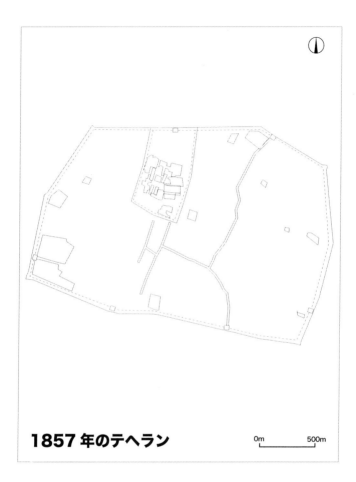

1857年のテヘラン

Tehran 白地図

0m 500m

【白地図】フェルドゥシー通り

ASIA
イラン

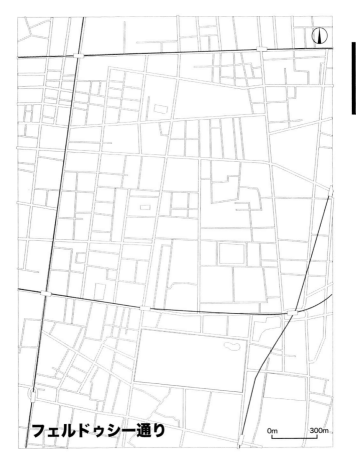

【白地図】バハレスタン

ASIA
イラン

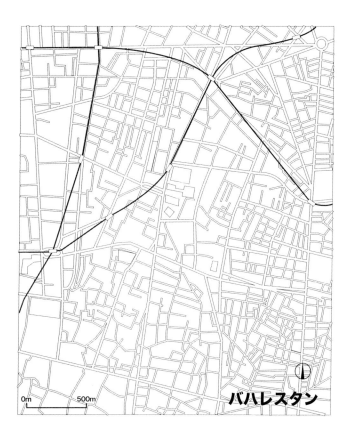

【白地図】市街北部（旧アメリカ大使館）

ASIA
イラン

【白地図】テヘラン郊外

イラン

テヘラン郊外

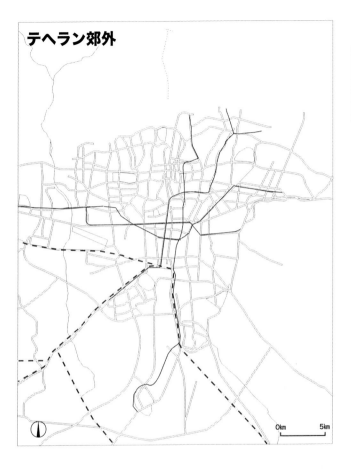

【白地図】アザディタワー

ASIA
イラン

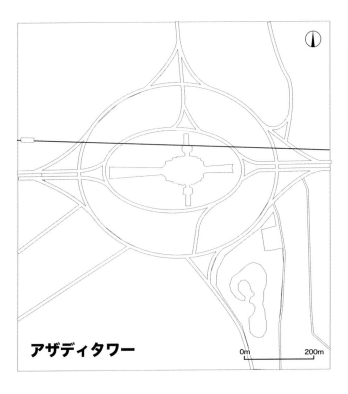

【白地図】サーダーバード宮殿博物館

ASIA
イラン

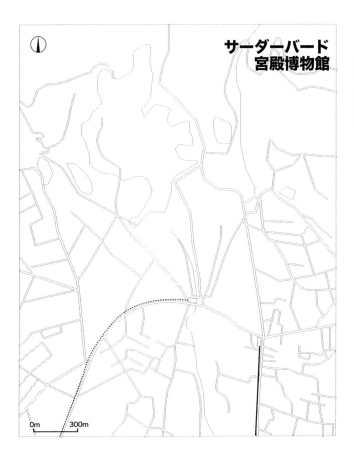

サーダーバード宮殿博物館

Tehran 白地図

【白地図】イマームホメイニーの霊廟

ASIA
イラン

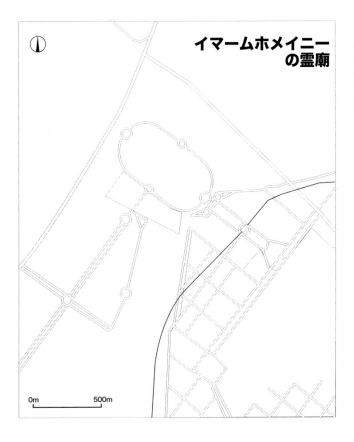

【まちごとアジア】
イラン 001 はじめてのイラン
イラン 002 テヘラン
イラン 003 イスファハン
イラン 004 シーラーズ
イラン 005 ペルセポリス
イラン 006 パサルガダエ(ナグシェ・ロスタム)
イラン 007 ヤズド
イラン 008 チョガ・ザンビル(アフヴァーズ)
イラン 009 タブリーズ
イラン 010 アルダビール

イラン国土の北部に位置するイラン・イスラム共和国の首都テヘラン。この街はエルブレズ山脈の南麓に北から南へ傾斜するように広がる中東屈指の大都会で、ここからイラン全土へ道が伸びている。

古くから文明を花開かせてきたイランの歴史のなかで、テヘランは18世紀にカージャル朝の首都がおかれたことで発展するようになった。歴史的にこのあたりの中心地はテヘラン郊外のレイで、紀元前からその存在が確認されている(セルジューク朝の都がおかれるなど繁栄していたが、13世紀、モ

تهران **Tehran**
テヘラン

ンゴル軍の襲来で滅び、テヘランへ重心が遷った）。

　カージャル朝に続くパフラヴィー朝治下でもテヘランに首都がおかれ、20世紀になって急激に人々が流入し、この街への一極集中が進んだ。また1979年、世界でも類を見ないイラン・イスラム革命の中心地となったのもテヘランで、現在、世界でも独特の地位をしめるこの国の政治、経済、文化の中心地となっている。

【まちごとアジア】

イラン 002 テヘラン

ASIA
イラン

目次

テヘラン …………………………………………………… xxvi

イランの首都テヘラン …………………………………… xxxii

バザール城市案内 ………………………………………… xli

博物館鑑賞案内 …………………………………………… liii

フェルドゥシー通り城市案内 …………………………… lix

バハレスタン城市案内 …………………………………… lxix

市街北部城市案内 ………………………………………… lxxiv

ペルシャ絨毯楽園への想い ……………………………… lxxxi

郊外城市案内 ……………………………………………… lxxxvi

城市のうつりかわり ……………………………………… cvi

【MEMO】

【地図】イラン

ASIA
イラン

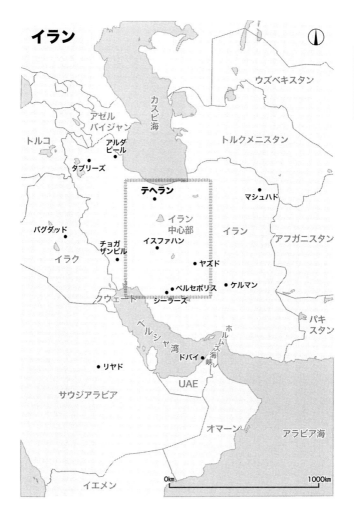

イランの首都テヘラン

ASIA
イラン

一極集中が進むイランの首都テヘラン
ここは高層ビルが立つ中東有数の大都会で
イラン各地への足がかりにもなる

テヘランの地理

イラン北部を東西に走るエルブレズ山脈の南麓に広がるテヘラン（テヘランの語源は「山麓地帯の端」を意味する）。北から南にかけてゆるやかに傾斜していく地理をもち、北テヘランの標高は1700m、中央で1200m、南テヘランで1100m程度となっている（平均標高1250m）。周囲には大きな河川が流れておらず、乾燥しているが、エルブレズ山脈の雪解け水や豊富な地下水から水がとられる。東京とほぼ変わらない北緯35度の緯度となっている。

▲左 イランの首都テヘラン、颯爽とゆく人。　▲右　街角の露店でのやりとり、値段交渉はしっかりしたい

テヘランの発展

近代まで小さな町邑に過ぎなかったテヘランが発展するのは、1785年ザンド朝のキャリーム・ハンがテヘラン北のシェミランに宮殿をおき、続くカージャル朝が1786年、首都をおいたことにはじまる（本拠地ゴルガンに近く、交通の要衝だったため）。それまでイスファハンやシーラーズといったイラン高原にあったこの国の中心がテヘランにうつり、街の拡大とともに、市壁が拡張されるなど急激に発展した。1868年には人口15万人を超す程度だったが、とくにパフラヴィー朝時代の1934年に都市計画が行なわれ、第二次大戦後には100万人を超す大都会となった。

ASIA
イラン

▲左 イラン料理も楽しみたい、ケバブとナン。　▲右 街はペルシャ語で彩られている

テヘランの構成

カージャル朝以来のバザールが残る南テヘランと、区画整理され、大きな道路が走る北テヘランとは街の様相がまるで異なる。もともと南テヘランに街の中心があったが、20世紀のパフラヴィー朝のもとで北テヘランが整備されて街は拡大し、高級ホテルや住宅街がならぶようになった(サーダーバード宮殿博物館はパフラヴィー朝の宮殿跡)。現在ではこの地方の古都レイもとりこんで郊外に広がり、交通渋滞や電力不足が問題になっている。

【MEMO】

イランの首都テヘラン

【地図】イラン中心部

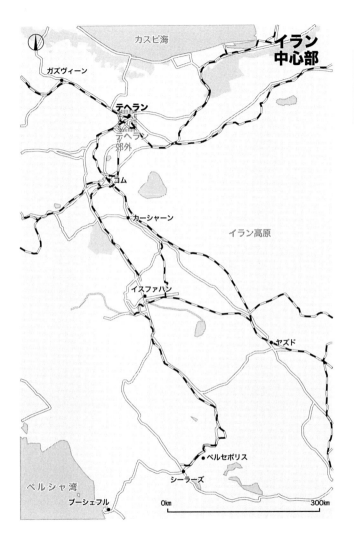

【地図】テヘラン

【地図】テヘランの ［★★★］
- ☐ バザール Bazar
- ☐ ゴレスターン宮殿 Kakh-e Golestan
- ☐ イラン考古学博物館 Muze-ye Iran-e Bastan

【地図】テヘランの ［★★☆］
- ☐ フェルドゥシー通り Kh. Ferdowsi
- ☐ アーブギーネ博物館 Muze-ye Abgine
- ☐ 宝石博物館 National Jewels Museum
- ☐ 旧アメリカ大使館
  Sefaratkhane-ye Amerika-ye Sabegh
- ☐ 絨毯博物館 Carpet Museum

【地図】テヘランの ［★☆☆］
- ☐ モタハリ・モスクとマドラサ（セパフサーラール・モスク）
  Madrase va Masjed-e Shahid Motah'hari
- ☐ 聖サルキス教会 Kelisa-ye Hazrat-e Sarkis

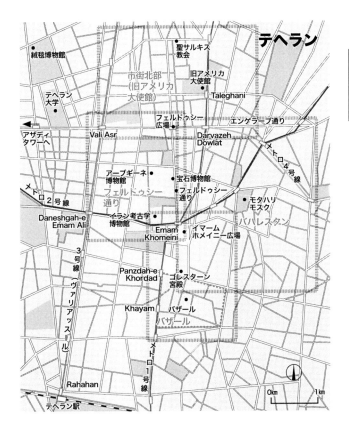

【MEMO】

Guide, Bazar

バザール
城市案内

テヘランの中心部に位置するバザール
食料品から雑貨まで人々の生活に必要な
日常品が売られている

バザール Bazar ［★★★］

中東でも最大規模を誇るテヘランのバザール。市街中心部に位置し、レンガ屋根におおわれたこのバザールは18世紀のカージャル朝時代以来の伝統をもつ。総延長10km以上で迷路のように細い路地が入り組み、絨毯、生活雑貨、貴金属、手工芸品、香辛料、衣服など区画ごとにわけられている。ペルシャ更紗、ミニアチュール、寄木細工、銅板細工、トルコ石などが有名で、店先では品定めをする買い物客と店主のやりとりが見られる。

【地図】バザール

【地図】バザールの [★★★]
- □ バザール Bazar
- □ ゴレスターン宮殿 Kakh-e Golestan
- □ イラン考古学博物館 Muze-ye Iran-e Bastan

【地図】バザールの [★★☆]
- □ イマーム・モスク Masjed-e Imam Khomeini

【地図】バザールの [★☆☆]
- □ イマームザーデ・サイード・イスマイル Imamzadeh Sayyed Ismail

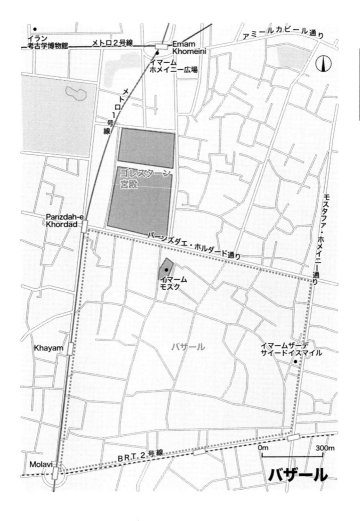

バザール

ASIA
イラン

イスラム世界の商業空間

イスラム世界の街では、生活雑貨などをあつかう小売のほかに、キャラバン・サライと呼ばれる卸売専用の商業施設が見られる。キャラバン・サライは、遠方の物資(その街ではとれないような品)を運ぶ隊商が拠点としたところで、遠くの街から運ばれてきた品々を小売の商人たちが買うことで、軒先にならぶ。またバザールの売りあげの一部は寄進され、モスクなどの運営費や修繕費にあてられている。

▲左 イランの女性、信仰が息づく。　▲右 水タバコを楽しむ人々、チャイハネにて

イマーム・モスク Masjed-e Imam Khomeini ［★★☆］

ゴレスターン宮殿近くのバザール北側入口に位置するイマーム・モスク。テヘランでもっとも古いモスクで、カージャル朝第2代ファトフ・アリー・シャーの命で建てられた。1840年ごろ完成し、当時の装飾様式ハフト・ランギー・タイルが見られる。かつては「王のモスク」と呼ばれていたが、1979年にイラン・イスラム革命が起こったのち、現在の名前にあらためられた。

ASIA
イラン

イマームザーデ・サイード・イスマイル
Imamzadeh Sayyed Ismail [★☆☆]

バザール東、モスタファ・ホメイニー通りに位置するイマームザーデ・サイード・イスマイル。シーア派イマームの血をひくイスラム聖者イスマイルの霊廟で、ふたつの円柱型ミナレットをもつ美しい建物となっている。

ゴレスターン宮殿 Kakh-e Golestan ［★★★］

ゴレスターン宮殿は 18 世紀、テヘランに首都を築いたカージャル朝の王宮跡。街の中心に位置し、テヘランでも最古級の建物として知られる。ゴレスターンとは「バラの園」を意味し、敷地内は水が縦横に流れるペルシャ庭園となっている。宮殿内には博物館が付設され、カージャル朝王家の装飾品、工芸品などが見られる。世界遺産。

【MEMO】

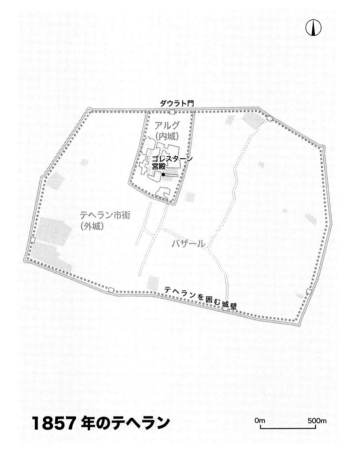

1857年のテヘラン

カージャル朝の統治

18世紀にサファヴィー朝が滅亡すると、イランは各地方勢力が割拠する混乱の時代を迎え、ナーディル・シャーの登場後、ひとまずシーラーズに都をおくザンド朝がイランの大部分を支配した。やがてザンド朝のキャリーム・ハンが没すると、北東イラン（ゴルガン）を本拠にする有力部族カージャル族のアガ・モハンマド・ハンがザンド朝を破り、1786年ごろ、テヘランを首都に定めた（それまでレイ郊外の寒村に過ぎなかったが、このときカージャル朝の故地に近いテヘランが首都となった）。トルクメン部族を出自とするカージャ

ル朝の王族たちは、イラン全土に強い支配力をもつことができず、依然として各地方勢力が実質的な支配を行なっていた。カージャル朝の治下（1779〜1925年）は、イギリスやロシアといった西欧列強が進出し、イランの歴史的領土が割譲されていく時代でもあった。

Guide,
National Museum of Iran
博物館
鑑賞案内

世界有数の歴史をもつイラン
イラン考古学博物館はこの国各地から
集められた品が展示されている

イラン考古学博物館 Muze-ye Iran-e Bastan ［★★★］

ペルシャ2500年の歴史で育まれてきた宝物、遺品を集めたイラン考古学博物館。「古代ペルシャを父とし、イスラム教を母とする」と言われるイラン芸術の傑作がならぶ。大きく先史時代、アケメネス朝ペルシャ、騎馬民族パルティア、ササン朝ペルシャ時代などイスラム化する以前のものと、イスラム化したあとのサファヴィー朝などのの遺品にわけられ、充実した内容となっている。またこの重厚感ある建物はイラン考古学総局の長官であったフランス人建築家アンドレ・ゴダールによって設計された。

ASIA
イラン

イスラム以前（古代ペルシャ）

紀元前10～前7世紀ごろに、騎馬民族が愛用していた剣、馬具、腕輪、装身具などの青銅器群「ルリスタン・ブロンズ」。カスピ海沿岸部からアゼルバイジャンから出土した紀元前13世紀～前12世紀ごろの遺宝「マルリクの黄金杯（有翼の牡牛が特徴）」。象牙製の装飾板、黄金の腕輪や胸飾りなどの遺品「ジヴィエ遺宝」。「目には目を」「歯には歯を」という文言も刻まれた「ハンムラビ法典のレプリカ（本物はパリのルーブル美術館に所蔵）」。メディア人、ペルシャ人、スキタイ人といった遊牧民系の民族に愛用されていたハマダン

▲左　中東を代表する収蔵品で知られるイラン考古学博物館。　▲右　ペルシャ王への献上品をもつ人々、ペルセポリスにて

出土の「黄金の短剣」。ペルセポリスやスーサから出土したアケメネス朝ペルシャの遺品「ダレイオス1世の印章」や「ダレイオス1世のレリーフ」。ギリシャ彫刻の影響が見られる「シャミーのパルティア貴人像」や騎乗で弓を射る技術パルティアン・ショットが描かれた「帝王獅子狩文銀皿」。ササン朝ペルシャの宮殿跡から出土した「ビーシャプールのモザイク」などが知られる。

ASIA
イラン

イスラム以後（7世紀〜）

偶像崇拝が禁じられたイスラム教では、彫刻や絵画は発達しなかったが、建築や装飾技術で類のない芸術を生み出している。ササン朝時代より受け継がれてきた唐草文様や幾何学文様がほどこされた陶器、タイル装飾、絨毯などはペルシャ芸術の最高峰となっている。モンゴル軍から守るためゴルガンの商人によって地中に埋められていた「ゴルガンの陶器」。ユーラシアの東西をまたいでイランと中国で交易された「元、明、清代の陶磁器」（一時、イランのイル・ハン国と中国の元というモンゴル帝国がならび立った）。世界で2番目に古

▲左 イランでは細密画も発展した。　▲右 モスクを彩るタイル、イスファハンにて

いサファヴィー朝の遺宝「アルダビールの絨毯」。美しい書体で彩られた「イスファハンのクーフィー書体碑文」などが見られる。

【MEMO】

ASIA
イラン

Guide,
Kh. Ferdowsi
フェルドゥシー通り城市案内

フェルドゥシー通りはテヘランの目抜き通り
通りの両脇には店舗がならび
テヘランの人々がさっそうとゆく

フェルドゥシー通り Kh. Ferdowsi [★★☆]

イマーム・ホメイニー広場から北に伸びるフェルドゥシー通り。テヘランでも有数の通りで、絨毯や工芸品、骨董品などがならぶ。近くにはチェロケバブ（ごはんに羊肉をのせた）やアーシュ（スープ）といったイラン料理を出す店も見られる。

【地図】フェルドゥシー通り

【地図】フェルドゥシー通りの [★★★]
- [ ] ゴレスターン宮殿 Kakh-e Golestan
- [ ] イラン考古学博物館 Muze-ye Iran-e Bastan

【地図】フェルドゥシー通りの [★★☆]
- [ ] フェルドゥシー通り Kh. Ferdowsi
- [ ] アーブギーネ博物館 Muze-ye Abgine
- [ ] 宝石博物館 National Jewels Museum

【地図】フェルドゥシー通りの [★☆☆]
- [ ] 大理石宮殿 Takht-e Marmar

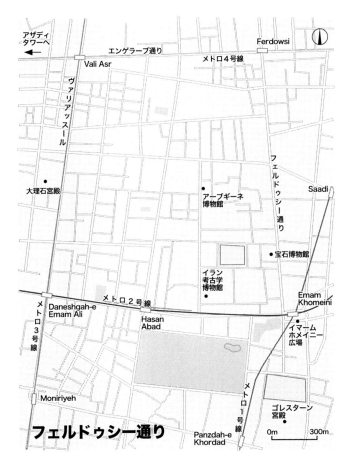

ASIA
イラン

アーブギーネ博物館 Muze-ye Abgine ［★★☆］

ペルシャ芸術の白眉、ペルシャン・グラスと陶器が展示されたアーブギーネ（ガラスと陶器の）博物館。カージャル朝時代の有力者の邸宅が博物館に転用されている。日本にも伝わっているササン朝時代の厚手茶碗のようなグラスや水差し、ペルシャ・グラスとローマ・グラスの技術をあわせてつくられたイスラム・グラスなどが展示されている。また英語とペルシャ語の書籍を収蔵する図書室も併設されている。

▲左　グラム売りが基本なイランの露店。　▲右　ジーンズなど洋装の人がほとんど

美しきガラスのはなし

ガラスの歴史は4000年とも5000年とも言われ、オリエントを発祥とする（偶然、山火事で生成されたという説と、炊事の際に硝子石と砂が溶けあって生まれたという説があるという）。古代世界では、ラピスラズリが重宝されていたが、紀元前13世紀ごろから嗜好が変わってきて、メソポタミアやエジプトでガラスが生成されるようになった。貴重なガラスはもともと王族のものだったが、ローマ帝国で吹きガラスの技法が発明されると、大量生産が可能になった。一方、円形文カットや亀甲文カットの意匠がほどこされた厚手のササ

ン・グラスは、世界中に輸出され、白瑠璃碗や紺瑠璃坏として正倉院にも伝わっている。

宝石博物館 National Jewels Museum ［★★☆］

イラン・メッリー銀行地下の金庫にある宝石博物館。ササン朝の冠がイメージされ、3380個のダイヤがあしらわた『パフラヴィー・クラウン』（パフラヴィー朝のレザー・シャー即位のためにつくられた）。英国王冠『光の山』とならび称される幅25㎜、厚さ10㎜、長さ38㎜の世界最大のピンク・ダイヤモンド『光の海』（182カラット）。2万6000の宝石が

▲左　テヘランの商店、買いもの客が訪れる。　▲右　現代美術館、テヘランは博物館の宝庫

埋め込まれた『孔雀の玉座』(インド遠征の際にナーディル・シャーがデリーからもち帰ってきた)。5万1000個の宝石が散りばめられた『宝石の地球儀』(40 kgもの黄金を原材料とする)といった宝石で知られ、その豪華さと絢爛さで世界屈指の宝物を抱える。古いものはサファヴィー朝時代にさかのぼるが、宝物の大部分は略奪にあい、現存する所蔵品はかなり目減りしているという。

ASIA
イラン

大理石宮殿 Takht-e Marmar ［★☆☆］

「大理石の玉座」と呼ばれるこの宮殿は、もともと 18 世紀、ザンド朝キャリーム・ハーンによって創設された歴史をもつ。その後、カージャル朝アガー・ムハンマド・ハンにより今の大きさに改築され、20 世紀のパフラヴィー朝時代はレザー・シャーの邸宅として利用されていた。大理石製の丸屋根と美しい庭園が残っている。

شرکت تعاونی شماره ۹ | جهان دیدار
RATIVE CO NO 9 | JAHAND

【MEMO】

ASIA
イラン

Guide, Baharestan
バハレスタン城市案内

エルブレズ山脈の南麓に開けたテヘラン
18世紀以降に発展したため歴史遺構にとぼしいが
この国の政治、外交などの舞台となっている

モタハリ・モスクとマドラサ（セパフサーラール・モスク）
Madrase va Masjed-e Shahid Motah'hari［★☆☆］

バハレスタン広場の東側にあるテヘランでもっとも由緒正しいモタハリ・モスク。伝統的な4イワン様式をしていて、44本の柱が立つ礼拝堂をもつ。カージャル朝時代のペルシャ軍指揮官セパフサーラル・シールザー・ホセイン・ハンの命で1878年から1890年にかけて建てられた。イスラム神学校を付設し、現在では革命後に暗殺されたモタハリ師の名前がとられている。

【地図】バハレスタン

【地図】バハレスタンの [★★★]
- [ ] バザール Bazar
- [ ] ゴレスターン宮殿 Kakh-e Golestan

【地図】バハレスタンの [★★☆]
- [ ] フェルドゥシー通り Kh. Ferdowsi

【地図】バハレスタンの [★☆☆]
- [ ] モタハリ・モスクとマドラサ（セパフサーラール・モスク）Madrase va Masjed-e Shahid Motah'hari
- [ ] イラン国会議事堂 The Iranian Parliament
- [ ] ショハダー広場（殉教者広場）Shohada

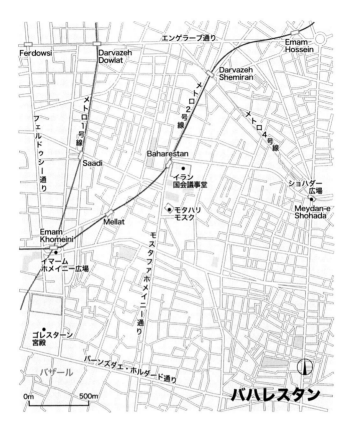

ASIA
イラン

イラン国会議事堂 The Iranian Parliament ［★☆☆］
テヘラン市街から東のバハレスタン地区に立つイラン国会議事堂。ここはイランの政治の中心となっていて、一院制の立法府であることから、マジリスとも呼ばれる。

ショハダー広場（殉教者広場） Shohada ［★☆☆］
テヘラン東部に位置するショハダー広場。ここは1978年9月8日、イラン・イスラム革命が起こるきっかけになった「黒い金曜日（デモ隊に軍が発砲し、数千人が死亡）」事件が起こった場所で、現在、周囲は繁華街となっている。

【MEMO】

Guide, North Tehran
市街北部城市案内

ASIA / イラン

高級住宅街も見える北テヘラン
大使館が集住するのもこのエリアで
南テヘランの喧騒と異なる街並みとなっている

旧アメリカ大使館
Sefaratkhane-ye Amerika-ye Sabegh [★★☆]

かつてテヘランにおかれていたアメリカ大使館跡(現在、イランと国交が断絶されている)。1979年以前、イランには中東でもっとも親米的な政権があったが、1979年にイラン・イスラム革命が起こるとイマーム・ホメイニーを中心に新たな体制がとられるようになった。それから半年あまりが過ぎた1979年11月4日、イスラム革命に感化された学生たちがアメリカ大使館員を人質にとってここに立てこもり(444日間)、アメリカに亡命した親米政権パフラヴィー朝のシャー

(王)の引き渡しを要求した(「アメリカ大使館人質事件」)。アメリカはイラン原油の輸入禁止などの経済制裁をとったが、イランは一歩もひかず、両国の国交は断絶された。なおオランダ・ハーグの国際裁判所の仲介で、1981年1月20日に人質は無事に解放されている。

聖サルキス教会 Kelisa-ye Hazrat-e Sarkis ［★☆☆］
テヘランにあるアルメニア教会。イラン北西に位置するアルメニアは、古くからイランとの交易があり、世界ではじめてキリスト教を国教としたことでも知られる。この教会は

【地図】市街北部（旧アメリカ大使館）

【地図】市街北部（旧アメリカ大使館）の [★★☆]
- [ ] 旧アメリカ大使館
   Sefaratkhane-ye Amerika-ye Sabegh

【地図】市街北部（旧アメリカ大使館）の [★☆☆]
- [ ] 聖サルキス教会 Kelisa-ye Hazrat-e Sarkis

1964年から1970年にかけて建てられ、近くはアルメニア人居住区になっている。

多国籍都市テヘラン

テヘランにはペルシャ人のほかにも、ユダヤ人やアルメニア人、アラブ人、トルコ人、クルド人などが暮らしていて国際都市の顔を見せている。とくにアケメネス朝時代から交流があるユダヤ寺院シナゴーグ（キュロス王がバビロンに捕囚されていたユダヤ人を解放した）、アルメニア人が信仰するキリスト教会（イラン北西部に位置し、サファヴィー朝時代の

▲左　複雑な関係をもつイランとアメリカ、旧アメリカ大使館。　▲右　高原に位置するテヘランでは寒さ対策も必要

17世紀にシルクロード交易をになった）の多さは他の中東の都市では見られないものとなっている。

絨毯博物館 Carpet Museum ［★★☆］

テヘラン大学北側に位置する絨毯博物館。楽園や樹木、文様が織り込まれたペルシャ絨毯が展示されていて、地域や時代によってさまざまな特徴をもつ（絨毯は乾燥地帯イランに生きる人々の楽園への想いが反映されているという）。現存する最古級の16世紀ごろの絨毯も見られる。

ペルシャ
絨毯楽園
への想い

絨毯はペルシャ人の生活にとってかかせない調度品
各地で織られたものには、絵柄や色彩で特徴がある
人々の想いを織りこむ絨毯

ペルシャ絨毯とは

世界各地で敷物として使われている絨毯のなかでも、ペルシャ絨毯は3000年とも4000年とも言われる伝統をもつ。元来、絨毯は寒さや砂塵を防ぐための遊牧民の生活必需品だったと言われ、イランでは伝統民芸として古くから現在まで受け継がれてきた（不毛な乾燥地帯が続くこの地域では、草花や動物を織りこみ「冬に春の季節を現す」といった試みがなされた）。とくに7世紀以後、イスラム教の楽園と絨毯のイメージが重なり、樹木や幾何学文様の意匠を洗練させることで、絨毯で楽園が表現されるようになった。ペルシャ絨毯に

ASIA
イラン

▲左　絨毯を売る店、イランのバザールにて。　▲右　紳士の足元には絨毯、人々の生活に密接している

は羊毛製と絹製があり、いずれも1本ずつ糸を結んでつくられている。

各地方で異なる特色

日常の調度品としてイラン各地で織られ、実際にそれぞれの家庭で使われてきたペルシャ絨毯。人々の生活ぶりや各地域の特徴を色濃く映しだすと言われ、描く対象、配色、デザインなどで地域性が見られる。繊細で優雅なデザインをもつイスファハン産、職人気質な高級絨毯で知られるカーシャーン産、ルリ族やカシュガイー族、バフティヤーリー族などの遊

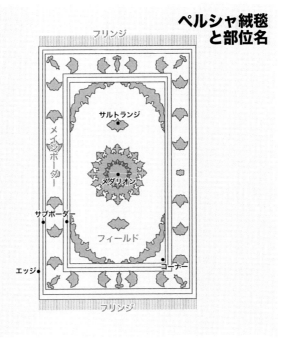

牧民の感性が光るシーラーズ産、ペルシャ絨毯の白眉ケルマーン・ラヴェルが有名なケルマーン産、折り目の細かいタブリーズ産などが代表的な絨毯に挙げられる。

ASIA
イラン

最古の絨毯

現存する最古の絨毯はアルタイ山中バジリク渓谷（ロシア）のスキタイ王墓から見つかったもので、紀元前5世紀ごろのものとされている。この絨毯は偶然に発見され、凍結していたがゆえに、その原型を留めていた。バジリク絨毯の意匠から、アケメネス朝ペルシャからスキタイへの献上品だったと目されていて、現在はエルミタージュ美術館（ロシア）に展示されている。

【MEMO】

Tehran ペルシャ絨毯楽園への想い

Guide, Around Tehran
郊外
城市案内

ASIA
イラン

テヘラン市街西部にそびえるアザディ・タワー
モンゴルに滅ぼされるまで繁栄を見せていたレイ
拡大を続ける街テヘラン

アザディ・タワー Borj-e Azadi ［★★★］

テヘラン西部にそびえる高さ45mの逆Y字型のアザディ・タワー。「自由の塔」を意味するこのモニュメントは、1971年、イラン建国2500年を記念して建てられ、テヘランを象徴する建物となっている（イスファハンからとりよせられた8000個の石が組まれている）。塔の地下は博物館になっているほか、頂上からは遠くにエルブレズ山脈、また眼下にテヘラン市街を一望できる。

Tehran 郊外城市案内

▲左　ゆったりとした公園、高層ビルの立つ大都会。　▲右　建国2500年を記念して建てられたアザディ・タワー

2500年の歴史をもつイラン

イランは世界でも有数の歴史をもつ国として知られ、紀元前6世紀のアケメネス朝ペルシャ、シルクロードを通って中国や日本にもその遺品が残るササン朝ペルシャのほか、モンゴル族やトルコ族の王朝の支配を受けるなどして現在にいたる。古名ペルシャはギリシャからの呼称で、正式名称は「アーリア人の国」を意味するイランとなっている。

【地図】テヘラン郊外

【地図】テヘラン郊外の [★★★]
- [ ] アザディ・タワー Borj-e Azadi
- [ ] イマーム・ホメイニーの霊廟 Aramgah-e Imam Khomeini

【地図】テヘラン郊外の [★★☆]
- [ ] サーダーバード宮殿博物館 Majmue-ye Farhangi-ye Sa'd Abad
- [ ] トーチャール山のテレキャビン Telekabin

【地図】テヘラン郊外の [★☆☆]
- [ ] ミーラード・タワー Borj-e Milad
- [ ] レイ Ray

テヘラン郊外

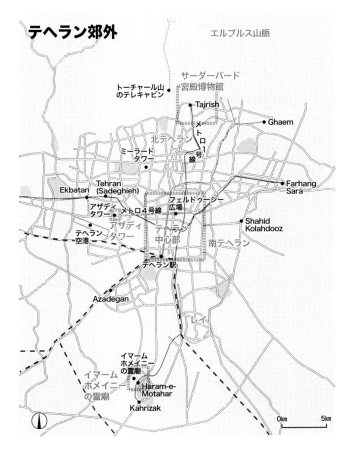

【地図】アザディタワー

【地図】アザディタワーの［★★★］
- アザディ・タワー Borj-e Azadi

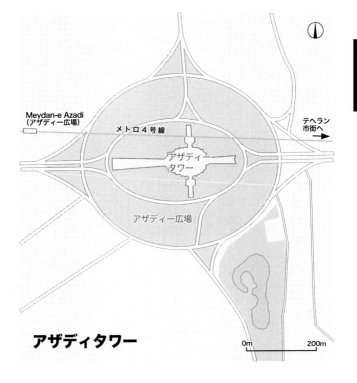

ASIA
イラン

ミーラード・タワー Borj-e Milad［★☆☆］

テヘラン市街北西部にそびえる高さ 435m のミーラード・タワー。2007 年に完成したイラン屈指の高さの電波塔で、国際貿易コンベンション・センターの機能ももつ。

サーダーバード宮殿博物館
Majmue-ye Farhangi-ye Sa'd Abad［★★☆］

エルブレズ山脈南麓の広大な敷地に開かれたサーダーバード宮殿博物館。もともとイランの近代化を押し進めたパフラヴィー朝王家の宮殿（夏の執務用宮殿）だったが、1979 年

Tehran 郊外城市案内

のイスラム革命でパフラヴィー朝が打倒され、博物館に転用されることになった。民俗学研究博物館、絵画美術館、緑の宮殿美術館、国立宮殿美術館、復古と訓戒の博物館、野生生物博物館、軍事博物館という7つの博物館からなる。巨大な絨毯、外国製の高級家具、磁器の食器、シャンデリア（緑の宮殿美術館）やシャー（王）のギャンブル・ルーム（復古と訓戒の博物館）、イラクの元大統領サダム・フセインから送られた武器（軍事博物館）などが展示されている。またサーダーバード宮殿の東4kmに位置するニアヴァランにも宮殿が残り、近くの公園からはテヘランが一望できる。

【地図】サーダーバード宮殿博物館の ［★★☆］

- [ ] サーダーバード宮殿博物館
  Majmue-ye Farhangi-ye Sa'd Abad

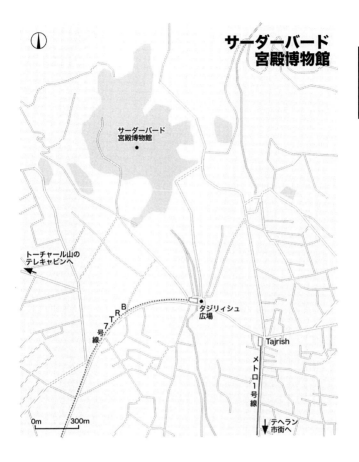

ASIA
イラン

トーチャール山のテレキャビン Telekabin ［★★☆］

エルブレズ山脈に抱かれるように広がるテヘランの街。山麓からトーチャール山に伸びるケーブルカーが整備されていて、山頂からテヘランの街が一望できる。全長3200mのテレキャビンは世界屈指の長さだと言われる。

▲左　澄み切ったイラン高原の空。　▲右　人びとの尊敬を集めるイマーム・ホメイニーの霊廟

イマーム・ホメイニーの霊廟 Aramgah-e Imam Khomeini[★★★]

テヘラン南に位置するイマーム・ホメイニーの霊廟。革命で生命を落とした人々が眠るベヘシティ・ザハラ墓地（殉教者墓地）に位置する。イマーム・ホメイニーは1979年に起こったイラン・イスラム革命の指導者で、現在のイラン・イスラム共和国の礎を築いた人物として知られる。1989年、イマーム・ホメイニーが永眠したとき、弔問に訪れた人々は1000万人にも達したという。金色のドームをもち、四方にミナレットを立てる美しい霊廟は20世紀末の建立から改築が進み、現在ではイランにおける重要な巡礼地となっている。

【地図】イマームホメイニーの霊廟の [★★★]
□ イマーム・ホメイニーの霊廟
Aramgah-e Imam Khomeini

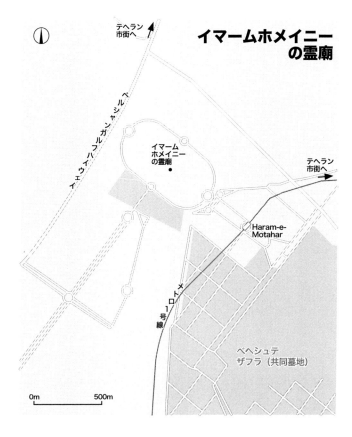

ASIA
イラン

「イラン・イスラム革命の父」ホメイニー

1900年にホメイン村(テヘラン南に接するマルキャズィー州)に生まれたアーヤトッラー・ルーホッラー・ホメイニー。テヘラン南のコムでイスラム神学、法学を修めて台頭し、その後、シーア派の聖地ナジャフで「イスラム法学者による統治」という独自の理論を構築したと言われる。20世紀、パフラヴィー朝のもとでは西欧化が進んでいたが、やがて1978年のコムにおけるイスラム学生のデモをきっかけに反パフラヴィー朝の運動が盛りあがり、翌年、イラン・イスラム革命が起こった。国王パフラヴィーはイランを脱出し、翌

▲左　エルブルス山脈の雪解け水で育まれたテヘラン。　▲右　イラン人にとって家族で出かけるピクニックは最高の贅沢

月、イマーム・ホメイニーがイランへ凱旋して新たな体制がとられるようになった。

イスラムによる統治

イランで信仰されているイスラム教シーア派では、イスラム共同体の長ムハンマドの役割はイマーム（ムハンマドの子孫）に引き継がれていた。ただし第12代イマームは神隠れ状態にあるため、イマームに代わってイスラム法学者による統治が行なわれると考えられている（イスラム法では個人の問題、家族の問題、国家間におよぶまで規定されている）。このよ

うなイラン独特の体制については、『イスラーム統治論・大ジハード論』(R.M. ホメイニー / 平凡社) などにくわしく記されている。

レイ Ray [★☆☆]

テヘラン南 10 kmに位置するレイ。古代、ここはラガと呼ばれ、『旧約聖書』や『アヴェスター』(ゾロアスター教の教典) からもその名を確認できるという。テヘランが 18 世紀以降発展したのに対して、歴史的にこの地域の中心があった古都で、セルジューク朝時代には首都がおかれていた (中央アジアを

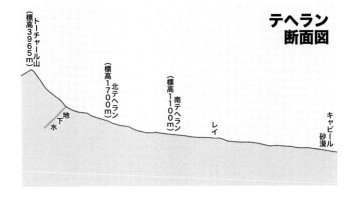

テヘラン断面図

（標高3965M）トーチャール山
地下水
（標高1700M）北テヘラン
（標高1100M）南テヘラン
レイ
キャビール砂漠

出自とするトルコ族の王朝）。東方イスラム世界の中心地となったレイは「バビロンの都以来、これほどの人口とこれほどの莫大な富と財を集めた町はなかった」と評され、街はバグダッドに次ぐ繁栄を見せていたとされる。13世紀、レイはチンギス・ハン率いるモンゴル軍によって壊滅せられ、その繁栄はのちの時代、テヘランに受け継がれるようになった。

レイの遺構

レイの中心にはアリーの泉がわき、泉のそばの岩壁にはササン朝最後の王ヤズドギルドが玉座に坐る浮彫が残っている

ASIA
イラン

(サファヴィー朝時代のもの)。またササン朝時代のゾロアスター教神殿跡と目されるハルンの牢獄、小さな丘テペ・ミルなどレイの歴史を感じさせる遺構も見られる。

ダマヴァンド山 Damavand ［★☆☆］
イラン国土の北側を東西800kmにわたって走るエルブレズ山脈。テヘランから離れた北東に位置するダマヴァンド山はその最高峰で5670mの標高をもつ。この山は古くから聖性を備えると考えられて、古代ペルシャでは「ダマヴァンド山が世界の中心である」と信じられていた。

城市の うつり かわり

ASIA
イラン

悠久の歴史をたどってきたイラン
テヘランはそのなかでは比較的新しい街
イラン・イスラム共和国の首都への道

レイ郊外の寒村（〜16世紀）

テヘランの南 10 kmに位置するレイが長らくこの地方の中心地で、テヘランはその郊外にある寒村に過ぎなかった。レイは紀元前 700 年ごろからの歴史をもち、セルジューク朝（11〜12 世紀）時代には首都になっている。1221 年、モンゴル軍にレイが破壊されると、村人は周囲に逃れ、テヘランにも人が集まるようになった。このころ、はじめてテヘランの名前が登場し、住民は半穴居式の生活を送っていたという。

Tehran　城市のうつりかわり

サファヴィー朝（16 〜 18 世紀）

サファヴィー朝の時代（1553 年）、第 2 代タフマースプ 1 世はテヘランの地に周囲 8 kmの城壁をめぐらし、テヘランに軍の駐屯地がおかれていた。また 17 世紀になってイスファハンに新首都を造営したアッバース 1 世もテヘランの地に庭園や宮殿を整備したと伝えられる。

ザンド朝（18 世紀）

18 世紀、サファヴィー朝が滅亡し、ナーディル・シャー死後の混乱のあと、ザンド朝のキャリーム・ハンがカージャル

ASIA
イラン

族などをおさえてイランを統一した。ザンド朝の首都はシーラーズにあったが、1785年、テヘラン北のシェミランに宮殿が造営され、ここに行在所がおかれることになった。イラン高原とイラン北方との境界にあたるテヘランの地の利が注目されるようになった。

カージャル朝（1779〜1925年）

1779年のキャリーム・ハン死後、トルクメン系のカージャル族が台頭し、アガ・モハンマド・ハンはカージャル朝を樹立した。カージャル族の本拠はイラン北東部ゴルガンにあっ

▲左　くりんとした瞳をもつ子どもに出逢った。　▲右　イランの国旗がたなびく

たこともあり、1796年、テヘランに首都が定められた。アガ・モハンマド・ハンの死後、第2代のファトフ・アリ・シャーがゴレスタン宮殿や城門、モスクなどを造営し、テヘランは首都の顔を見せるようになった。その後、1869〜74年のナスレッディーン・シャーの時代、パリの都（ナポレオン3世による）をもして、周囲15.5km、12の城門をもつ八角形の街に整備された。カージャル朝の実質的な支配は、テヘランと主要都市に限られ、地方勢力が割拠する状態は変わらず、西欧列強がイランに進出し、イランの領土が割譲されていく時代でもあった。

ASIA
イラン

パフラヴィー朝（1925〜1979年）

カージャル朝末期の混乱のなか、軍人レザー・シャーの部隊2000人がテヘランに無血入城してクーデタが成功し、1925年には自らが王位についてパフラヴィー朝が樹立された（引き続きテヘランに首都がおかた）。パフラヴィー朝では中央集権体制が進められ、1934年からはテヘランの都市改造計画がはじまり、この街への一極集中が進んだ。この時代、テヘランの近代化が進み、第二次世界大戦後には100万都市へと街は拡大した。

▲左 チャドルをまとったイラン女性。　▲右 テヘランの鉄道駅、ライトアップされていた

イラン・イスラム共和国（1979年〜）

パフラヴィー朝ではオイル・マネーをもとに急激な西欧化が進められたが、伝統を重んずる多くの人々の反感を買って、1979年、イラン・イスラム革命が起こった。「黒い金曜日（デモ隊を軍が弾圧）」が起こるなどテヘランは革命の激震地となり、新たな体制樹立後もテヘランに首都がおかれた。このイスラム革命以来、宗教指導者を国の最高指導者とする世界でも類を見ないイスラム体制がとられ、イランは国際社会のなかでも独特の地位を築いている。

参考文献

『初期ガージャール朝とテヘラン』(近藤信彰 / オリエント)

『テヘランの発展と社会変化』(加納弘勝 / アジア経済)

『イランの首都テヘラーン』(織田武雄 / 史林)

『テヘラン案内』(外務省中近東第 2 課)

『イラン史』(蒲生礼一 / 修道社)

『西アジア史Ⅱ』(永田雄三 / 山川出版社)

『ペルシア美術史』(深井晋司・田辺勝美 / 新潮社)

『世界大百科事典』(平凡社)

[PDF] テヘラン地下鉄路線図 http://machigotopub.com/pdf/teheranmetro.pdf

まちごとパブリッシングの旅行ガイド

Machigoto INDIA , Machigoto ASIA , Machigoto CHINA

【北インド - まちごとインド】

001 はじめての北インド
002 はじめてのデリー
003 オールド・デリー
004 ニュー・デリー
005 南デリー
012 アーグラ
013 ファテープル・シークリー
014 バラナシ
015 サールナート
022 カージュラホ
032 アムリトサル

【西インド - まちごとインド】

001 はじめてのラジャスタン
002 ジャイプル
003 ジョードプル
004 ジャイサルメール
005 ウダイプル
006 アジメール(プシュカル)
007 ビカネール
008 シェカワティ
011 はじめてのマハラシュトラ
012 ムンバイ
013 プネー
014 アウランガバード
015 エローラ
016 アジャンタ
021 はじめてのグジャラート
022 アーメダバード
023 ヴァドダラー(チャンパネール)
024 ブジ(カッチ地方)

【東インド - まちごとインド】

002 コルカタ
012 ブッダガヤ

【南インド - まちごとインド】

001 はじめてのタミルナードゥ
002 チェンナイ
003 カーンチプラム
004 マハーバリプラム
005 タンジャヴール
006 クンバコナムとカーヴェリー・デルタ
007 ティルチラパッリ
008 マドゥライ
009 ラーメシュワラム
010 カニャークマリ
021 はじめてのケーララ
022 ティルヴァナンタプラム
023 バックウォーター(コッラム〜アラップーザ)
024 コーチ(コーチン)
025 トリシュール

【ネパール - まちごとアジア】

001 はじめてのカトマンズ
002 カトマンズ
003 スワヤンブナート

004 パタン
005 バクタプル
006 ポカラ
007 ルンビニ
008 チトワン国立公園

【バングラデシュ - まちごとアジア】

001 はじめてのバングラデシュ
002 ダッカ
003 バゲルハット（クルナ）
004 シュンドルボン
005 プティア
006 モハスタン（ボグラ）
007 パハルプール

【パキスタン - まちごとアジア】

002 フンザ
003 ギルギット（KKH）
004 ラホール
005 ハラッパ
006 ムルタン

【イラン - まちごとアジア】

001 はじめてのイラン
002 テヘラン
003 イスファハン
004 シーラーズ
005 ペルセポリス
006 パサルガダエ（ナグシェ・ロスタム）
007 ヤズド
008 チョガ・ザンビル（アフヴァーズ）
009 タブリーズ

010 アルダビール

【北京 - まちごとチャイナ】

001 はじめての北京
002 故宮（天安門広場）
003 胡同と旧皇城
004 天壇と旧崇文区
005 瑠璃廠と旧宣武区
006 王府井と市街東部
007 北京動物園と市街西部
008 頤和園と西山
009 盧溝橋と周口店
010 万里の長城と明十三陵

【天津 - まちごとチャイナ】

001 はじめての天津
002 天津市街
003 浜海新区と市街南部
004 薊県と清東陵

【上海 - まちごとチャイナ】

001 はじめての上海
002 浦東新区
003 外灘と南京東路
004 淮海路と市街西部
005 虹口と市街北部
006 上海郊外（龍華・七宝・松江・嘉定）
007 水郷地帯（朱家角・周荘・同里・甪直）

【河北省 - まちごとチャイナ】

001 はじめての河北省
002 石家荘
003 秦皇島
004 承徳
005 張家口
006 保定
007 邯鄲

【江蘇省 - まちごとチャイナ】

001 はじめての江蘇省
002 はじめての蘇州
003 蘇州旧城
004 蘇州郊外と開発区
005 無錫
006 揚州
007 鎮江
008 はじめての南京
009 南京旧城
010 南京紫金山と下関
011 雨花台と南京郊外・開発区
012 徐州

【浙江省 - まちごとチャイナ】

001 はじめての浙江省
002 はじめての杭州
003 西湖と山林杭州
004 杭州旧城と開発区
005 紹興
006 はじめての寧波
007 寧波旧城
008 寧波郊外と開発区
009 普陀山
010 天台山
011 温州

【福建省 - まちごとチャイナ】

001 はじめての福建省
002 はじめての福州
003 福州旧城
004 福州郊外と開発区
005 武夷山
006 泉州
007 厦門
008 客家土楼

【広東省 - まちごとチャイナ】

001 はじめての広東省
002 はじめての広州
003 広州古城
004 天河と広州郊外
005 深圳（深セン）
006 東莞
007 開平（江門）
008 韶関
009 はじめての潮汕
010 潮州
011 汕頭

【遼寧省 - まちごとチャイナ】

001 はじめての遼寧省
002 はじめての大連
003 大連市街
004 旅順
005 金州新区

006 はじめての瀋陽
007 瀋陽故宮と旧市街
008 瀋陽駅と市街地
009 北陵と瀋陽郊外
010 撫順

【重慶 - まちごとチャイナ】

001 はじめての重慶
002 重慶市街
003 三峡下り（重慶〜宜昌）
004 大足

【香港 - まちごとチャイナ】

001 はじめての香港
002 中環と香港島北岸
003 上環と香港島南岸
004 尖沙咀と九龍市街
005 九龍城と九龍郊外
006 新界
007 ランタオ島と島嶼部

【マカオ - まちごとチャイナ】

001 はじめてのマカオ
002 セナド広場とマカオ中心部
003 媽閣廟とマカオ半島南部
004 東望洋山とマカオ半島北部
005 新口岸とタイパ・コロアン

【Juo-Mujin（電子書籍のみ）】

Juo-Mujin 香港縦横無尽
Juo-Mujin 北京縦横無尽
Juo-Mujin 上海縦横無尽

【自力旅游中国 Tabisuru CHINA】

001 バスに揺られて「自力で長城」
002 バスに揺られて「自力で石家荘」
003 バスに揺られて「自力で承徳」
004 船に揺られて「自力で普陀山」
005 バスに揺られて「自力で天台山」
006 バスに揺られて「自力で秦皇島」
007 バスに揺られて「自力で張家口」
008 バスに揺られて「自力で邯鄲」
009 バスに揺られて「自力で保定」
010 バスに揺られて「自力で清東陵」
011 バスに揺られて「自力で潮州」
012 バスに揺られて「自力で汕頭」
013 バスに揺られて「自力で温州」

【車輪はつばさ】
南インドのアイラヴァテシュワラ寺院には建築本体に車輪がついていて寺院に乗った神さまが人びとの想いを運ぶと言います。

・本書はオンデマンド印刷で作成されています。
・本書の内容に関するご意見、お問い合わせは、発行元の
 まちごとパブリッシング info@machigotopub.com までお願いします。

まちごとアジア
イラン002テヘラン
〜イラン2500年の「首都」［モノクロノートブック版］

2017年11月14日　発行

著　者	「アジア城市（まち）案内」制作委員会
発行者	赤松　耕次
発行所	まちごとパブリッシング株式会社 〒181-0013　東京都三鷹市下連雀4-4-36 URL http://www.machigotopub.com/
発売元	株式会社デジタルパブリッシングサービス 〒162-0812　東京都新宿区西五軒町11-13 清水ビル3F
印刷・製本	株式会社デジタルパブリッシングサービス URL http://www.d-pub.co.jp/

MP048

ISBN978-4-86143-182-1 C0326　　　Printed in Japan
本書の無断複製複写（コピー）は、著作権法上での例外を除き、禁じられています。